Edizione speciale realizzata per il Ministero degli Affari Esteri e della Cooperazione Internazionale – Direzione Generale per la Promozione del Sistema Paese

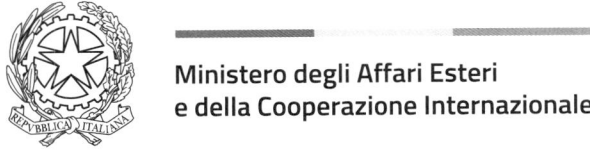

madeinitaly.gov.it

COORDINAMENTO
Giulia Calandra Buonaura

REDAZIONE
Giulia Calandra Buonaura
Margherita Vecchiati

COPERTINA E IMPAGINAZIONE
Silvia Monzani

Proprietà letteraria e artistica riservata
© 2023 Francesco Tullio-Altan/Quipos S.r.l.
© 2023 Franco Cosimo Panini Editore S.p.A.

Tutti i diritti sono riservati.
È vietata la riproduzione anche parziale dei testi
e delle illustrazioni senza il consenso scritto
dei titolari dei copyright.

Prima edizione: luglio 2023

Stampato e rilegato presso
LOGO - Borgoricco (PD)

—

Franco Cosimo Panini Editore S.p.A.
Via Giardini, 474/D
41124 Modena

francopanini.it

Pimpa

viaggia in Italia

Pimpa si sveglia e va in cucina a fare colazione.
«È una bella giornata!» dice Armando.
«Sì, cosa mi hai preparato di buono, oggi?»
«Latte fresco e una torta» dice lui.
Pimpa assaggia la torta e dice:
«È buonissima, cosa c'è dentro?» «Le mele».
Pimpa beve un sorso di latte. «Anche il latte è buono!
Da dove viene?» «Dal Trentino-Alto Adige, come le mele».
«Posso andare in Trentino-Alto Adige a vedere se è vero?»
chiede lei. «Sì, ma non tornare tardi» dice Armando.

«Posso andarci di corsa?» chiede Pimpa.
«È lontano, prendi il treno» risponde Armando.

Nel vagone ci sono molti passeggeri che hanno in testa il cappello con la penna. «Chi siete?» chiede lei.
«Siamo trentatré trentini e andiamo a Trento in treno!» dice uno di loro. Il treno parte verso le montagne.

Pimpa arriva nel frutteto. Un signore con i baffi che assomiglia ad Armando sta raccogliendo le mele. «Assaggiane una» le dice.
Pimpa dà un morso alla mela ed esclama: «È proprio come quelle della torta, è buonissima! Adesso ci vorrebbe un bel bicchiere di latte».
«Il latte lo fa la mucca» dice il signore con i baffi.
«E lei dov'è?» chiede Pimpa.

«Lassù sulla montagna, dove c'è l'erba buona» dice lui.
Pimpa guarda in su e dice:
«È lontana, c'è un treno che arriva lassù?»
«No, ma posso portartici io. Monta su!»
dice una grande aquila sopra di lei.
Pimpa salta in groppa all'aquila,
che parte verso la montagna. «Come ti chiami?»
chiede Pimpa. «Tina» risponde l'aquila.
Tina sorvola un bosco. «Quelli sono gli abeti,
come gli alberi di Natale» dice.

«E quelli laggiù?» chiede Pimpa indicando in basso.
«Sono la marmotta e lo stambecco. Te li faccio conoscere!»
dice l'aquila, e scende in picchiata.
Pimpa salta giù e dice: «Ciao marmotta, ciao stambecco!
Io sono Pimpa». «E questa è una stella alpina»
dice la marmotta indicando un fiore.

«Cosa ci fai qui?» chiede lo stambecco.
«Cerco la mucca» risponde Pimpa.
«Io so dov'è, ti porto da lei!» dice lui.

«Sai che fai un latte squisito?» dice Pimpa alla mucca.
«Lo so, e faccio anche i formaggi» risponde lei.
«Dove li fai?» «Nella mia casa, che si chiama malga.
Vieni a vedere!» dice la mucca.

Entrano nella malga.
«Quelli sono i bidoni del latte, quel pentolone è il paiolo,
e questi sono i formaggi» spiega la mucca.
Pimpa assaggia un pezzetto di formaggio e dice:
«È molto buono. Li fai tutti tu, i formaggi?»
«No, ho una cugina che ne fa uno buonissimo.
Abita nella città di Parma» dice la mucca.
«Dov'è Parma?» chiede Pimpa.
«Lo so io. Andiamo!» dice l'aquila.

Sorvolano la pianura. «Quello è il Lago di Garda, il più grande che c'è in Italia» dice l'aquila. «E quel castello?» «È la Rocca di Sirmione». «E quelli laggiù?» «Sono dei piccioni che ci vengono incontro!»

«Dove state andando?» chiedono i piccioni.
«A Parma, dalla cugina della mucca trentina» dice Pimpa.
«Passate prima per Milano, c'è una grande partita
di calcio, oggi!» «Va bene!» dice l'aquila Tina.
«Che partita è?» chiede Pimpa. «Piccioni rossoneri
contro piccioni nerazzurri. Vedi le maglie?»
le dice un tipo vestito da Arlecchino.

«Sì, e tu di che squadra sei?» gli chiede lei guardando il suo vestito colorato. «Della squadra del Carnevale di Venezia». «Mi piace il Carnevale!» dice lei. «Allora andiamoci! Prendiamo il mio tandem» dice Arlecchino. «Va bene ma prima andiamo a Parma ad assaggiare un formaggio».

«Sei brava a pedalare!» dice Arlecchino.
In quel momento una grande macchina rossa li affianca.
Alla guida c'è un cavallino nero.
«Che bella macchina!» esclama Pimpa.

«È una Ferrari, è velocissima. Dove andate?» chiede il cavallino.
«A Parma ad assaggiare un formaggio speciale» dice Arlecchino.
«Vi do un passaggio. Prendiamo il formaggio, poi vi porto a casa mia».
«Dov'è?» chiede Pimpa.
«A Modena, la città dei motori!»

«Siamo arrivati a Modena?» chiede Pimpa.
«Sì, quello è il Duomo, e qui c'è
il Parmigiano Reggiano» dice il cavallino.
«E quel signore col cappello bianco chi è?»
chiede Arlecchino. «Sono Massimo,
un grande cuoco, e in questa boccettina
c'è il famoso aceto balsamico»
dice Massimo, versandone
una goccia sul formaggio.

Pimpa e Arlecchino lo assaggiano.
Arlecchino comincia a cantare: «Oh, che delizia... oh, che bontà...»
«Zitto, sento una musica» dice Pimpa drizzando le orecchie.
«Viene dal Teatro Comunale» dice il cavallino.
«Vado a vedere!» dice Pimpa.

Sul palcoscenico ci sono due cantanti, una donna e un uomo.
«Ciao, chi siete?» chiede Pimpa. «Io sono il soprano Mirella
e lui è un mio amico tenore, e cantiamo l'opera» dice lei.
«È l'*Aida* del maestro Giuseppe Verdi» dice il tenore.
«Io sono Pimpa e devo andare a Venezia con Arlecchino».
Il tenore ride: «E ci andate con la gondola?»
«Sì, ma l'ho lasciata sul fiume Po, vicino a Ferrara,
e non sappiamo come arrivarci» dice Arlecchino.

«Posso prestarvi il mio monopattino» dice Mirella.
«Oh, grazie! A te non serve?» chiede Pimpa.
«No, oggi ho voglia di riposarmi» risponde lei.
«Prima passiamo per Bologna, poi andiamo a Ferrara.
Prendiamo la gondola, arriviamo al mare,
e per mare arriviamo a Venezia» dice Arlecchino.
«Venezia è sul mare?» chiede Pimpa.
«Sì, è un'isola!»

«Ecco il Carnevale!» dice Arlecchino.
«Mamma mia, quante maschere!»
esclama Pimpa.

«Mi è venuta un po' di fame» dice Pimpa.
«Assaggia questi dolci, si chiamano "galani"»
le dice un tipo vestito da Pinocchio.
«Sei anche tu veneziano?»
gli chiede lei. «Sì!»
«Sai che ti si è allungato il naso?»
dice sorpresa Pimpa.
«Oh, scusa, ho detto una bugia.
Mi chiamo Pinocchio e vengo
dalla Toscana, che è
una regione bellissima».

«È lontana anche la Toscana, vero?»
chiede Pimpa. «Un po'» dice Pinocchio.
«Possiamo andarci in gondola?»
«No, in mezzo ci sono le montagne».
«Ti ci porto io, ho le ali!»
dice un leone,
scendendo dall'alto
di una colonna
di marmo.

Il leone alato, Pinocchio e Pimpa arrivano a Pisa.
«Quella è la Torre Pendente!» dice Pinocchio.
«Perché si chiama così?» «Perché pende da una parte».
«Ah, già. Ma sopra c'è un signore con la barba».
«È Galileo Galilei, sta sempre lassù a guardare
col suo cannocchiale» dice Pinocchio.
«Me lo fai conoscere?» dice lei.

«Ciao, Galileo. Cosa guardi?»
«Tutto. Vuoi provare?» chiede Galileo.
«Oh, sì!» dice Pimpa.

«Vedo delle viti e tanta uva e... c'è un cagnolino che mi saluta! Vado a salutarlo anch'io!»

Pimpa passa tra le viti e raggiunge il cagnolino.
«Come ti chiami?» gli chiede.
«Lagotto, e sono un cane da tartufo» dice lui.
«Cos'è un tartufo?»
«È questo, senti che profumino!»
dice il Lagotto mettendole il tartufo sotto il naso.
Pimpa fa una smorfietta: «Ehm... non so se mi piace».
«È buonissimo sulle tagliatelle, sai?» dice lui.

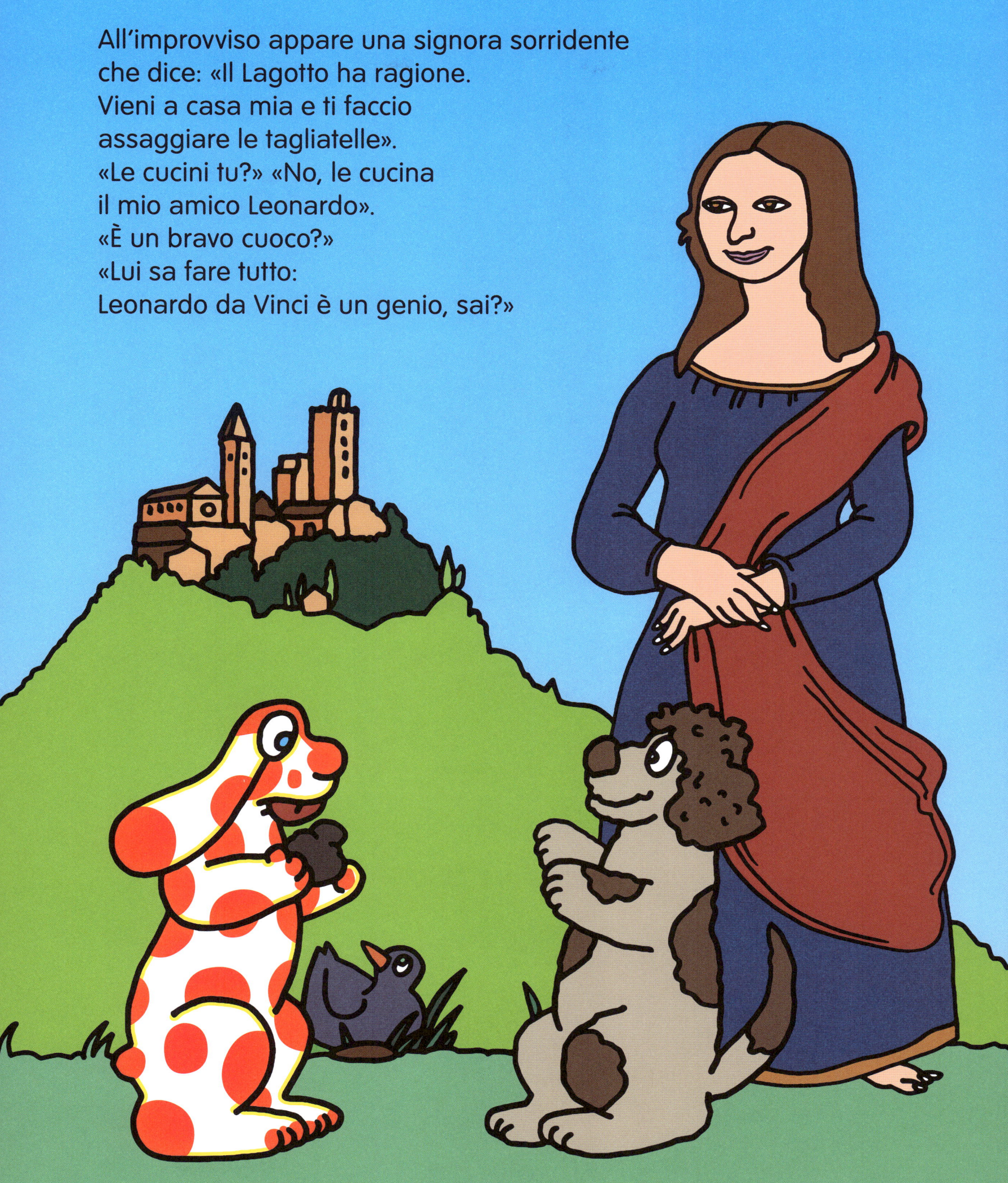

All'improvviso appare una signora sorridente che dice: «Il Lagotto ha ragione. Vieni a casa mia e ti faccio assaggiare le tagliatelle».
«Le cucini tu?» «No, le cucina il mio amico Leonardo».
«È un bravo cuoco?»
«Lui sa fare tutto: Leonardo da Vinci è un genio, sai?»

Pimpa e il Lagotto si siedono a tavola nella casa
di Leonardo, che arriva con un piattone di tagliatelle.
«Sai che la tua barba è più lunga di quella di Galileo?»
dice Pimpa. «Lo so, lo so» dice lui.
«Tu hai dei fratelli?» chiede Pimpa al Lagotto.
«Sì. Ho anche una cugina che è una lupa
e sta un po' lontano, a Roma».
«Voglio mostrarti una cosa...»
dice allora Leonardo.

«Uh, che cos'è?» chiede Pimpa.
«È una macchina per volare, l'ho inventata ieri».
«E potrei volare anch'io?»
«Certo!» «E potrei volare fino a Roma
per conoscere la Lupa?»
«Sì, adesso ti spiego come fare»
dice Leonardo.

Pimpa vola sulle colline. «Ciao!» le grida un orso da sotto.
«Ciao, come si chiama quella grande montagna laggiù?»
«Quello è il Gran Sasso d'Italia. È la montagna più grande

degli Appennini». «E tu come ti chiami?»
«Sono Bruno, l'orso marsicano!» risponde lui.
«Ciao, Bruno, io volo a Roma a conoscere la Lupa!»

«Questa è la Fontana di Trevi.
Se ci lanci dentro una monetina,
si esaudirà il tuo desiderio».
Pimpa lancia la monetina.
«Sei una maga?»
«No, sono la Lupa Capitolina.
Che desiderio hai espresso?»
«Vedere il Colosseo».
«Allora andiamo!»

«Vi presto la Vespa, così potete andare a Pompei, ragazzi!» dice la Lupa. «La sai guidare?» chiede Pimpa a Marcus. «Certo, e il casco ce l'ho già» risponde lui.

Nella Caserma, i gladiatori si allenano.
Pimpa guarda lontano e chiede:
«E quella montagna scura come si chiama?»
«È il Vesuvio, un vulcano» dice il gladiatore.
«Vado a vedere com'è là sopra!» dice lei.
«Vuoi che ti porti con la Vespa?»
«No, grazie, ho voglia
di correre un po'!»

Pimpa corre sulle pendici del vulcano.
Pulcinella la saluta: «Ciao, Pimpa!» «Ciao. Mi conosci?»
«Ti ho visto al Carnevale di Venezia. Mangiavi i galani.
Io sono Pulcinella». «Ti piacciono i galani?» gli chiede lei.
«Sono buoni, ma a casa mia c'è una cosa ancora
più appetitosa, la pizza!» «Posso assaggiarla?»
«Sì, vieni con me, è qui vicino!»

Sul tavolo vicino al forno c'è una bella pizza. «Ti piacerà, si chiama Margherita» dice Pulcinella. «Che bel nome!» dice Pimpa. Un gabbiano si avvicina alla finestra e dice: «Mi chiamo Totò. I miei cugini piccioni mi hanno detto che sei stata a Milano. Devi visitare anche la mia regione!» «Qual è?» «La Puglia, posso portarti là». «Finisco la pizza e andiamo!» dice lei.

Il gabbiano arriva sopra una piazza circondata
da buffe casette. Si sentono suonare i tamburelli.
«Danzano tutti!» esclama Pimpa.
«È un ballo che si chiama "pizzica", è molto divertente.
Va' a ballare anche tu!» dice Totò.

Pimpa si scatena suonando un tamburello.
Dopo un po' sospira: «Ragazzi, sono stanca... puf... puf...»

«Va' a fare un tuffo in mare.
Le nostre spiagge sono bellissime» le dice una ballerina.

Il mare è calmo e il cielo è azzurro.
Sulla riva ci sono gli ulivi e i fichi d'India.
Pimpa galleggia sull'acqua e fa un pisolino.
Nell'aria si sente il canto delle cicale.

Un delfino salta fuori dal mare: «È un bel posto, vero?»
«Sì, ce ne sono altri così?» chiede Pimpa aprendo gli occhi.
«Oh, sì, moltissimi. Salta in groppa che ti faccio vedere
tutta la costa» dice il delfino.

Arrivano davanti a un'isola. «Quella è la Sicilia» dice il delfino. «Ci sono due oche che tirano un carretto!» esclama Pimpa guardando la riva. «Veniamo dai mosaici di Piazza Armerina» dice una delle oche. «Dove state andando?» «Ad Agrigento. Vuoi venire con noi?» «Arrivo!» dice Pimpa.

Pimpa sale sul carretto e le oche partono al galoppo.
«Cosa c'è ad Agrigento?» chiede Pimpa.
«Ci sono dei templi meravigliosi!» rispondono le oche.
«Non vedo l'ora di vederli!»
«Tieniti forte, allora!»

Pimpa si avvicina al Tempio della Concordia: «È bellissimo... ed è grandissimo!» esclama drizzando le orecchie.
«Sai che un tempo era tutto colorato?» dicono le oche.
«Uh! Mi sarebbe piaciuto vederlo, e anche al mio amico Arlecchino. A lui piacciono tanto i colori!»

Dietro il tempio il sole sta tramontando. «È tardi, Armando mi starà aspettando!» dice Pimpa alle oche...
«Sì, mi ha mandato a prenderti» dice l'aquila Tina, arrivando sopra di lei.
«Allora torniamo a casa!»

Armando aspetta Pimpa sulla porta di casa.
«Hai fame?» le chiede. «Ehm, non molta»
risponde lei. «Come mai?» dice lui.
«Ho mangiato le mele, il formaggio,
i galani, le tagliatelle e la pizza!»
«Allora è ora di fare la nanna»
dice Armando.

Pimpa è nel suo lettino. «Ho visto tante cose, sai?» dice ad Armando. «Me le racconterai domani» dice lui. «Sai che la Lupa di Roma guida una Vespa gialla?» «Il giallo è un bellissimo colore. Sogni d'oro, Pimpa».

L'Italia, il Bel Paese